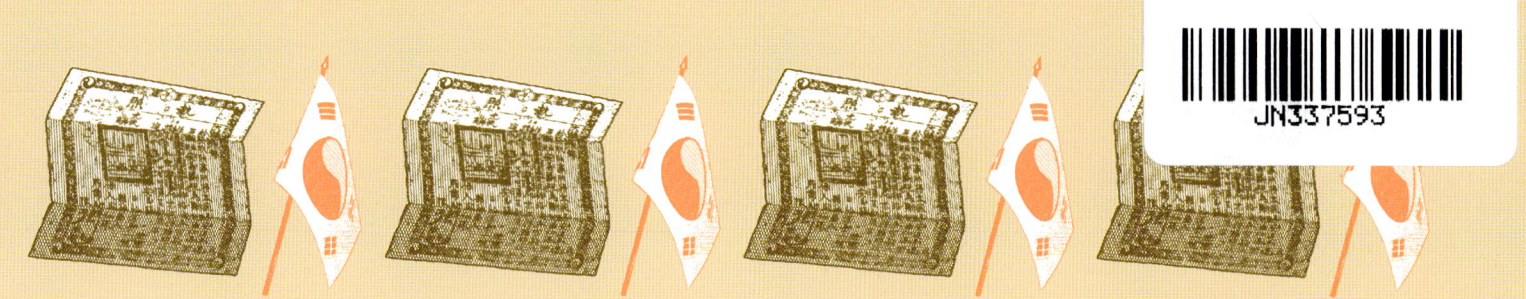

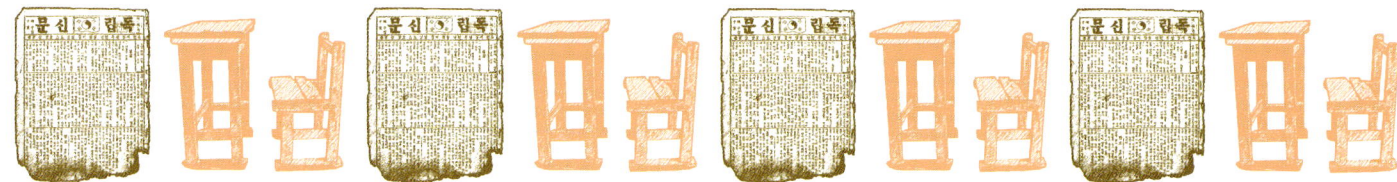

Stories of Great People
그레이트 피플

안창호의 여권

글 박주미 | 그림 이지후

밝은미래

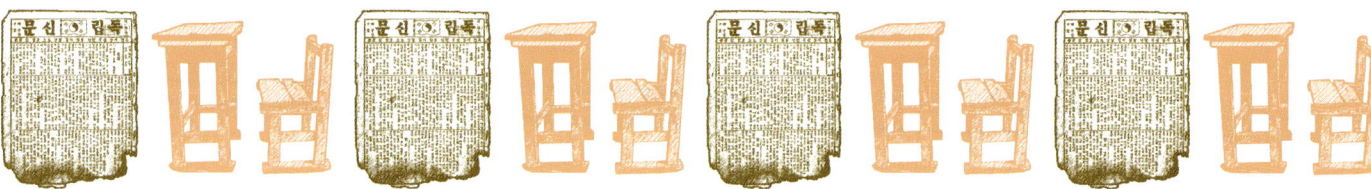

글 박주미
대학교에서 국어국문학을 공부한 뒤, 출판사에서 어린이 책을 기획하고 편집하는 일을 했습니다.
지금은 어린이 책에 글 쓰는 일을 하고 있습니다.
쓴 책으로는 《재주 많은 다섯 형제》, 《민족의 노래 아리랑》, 《마탄의 사수》, 《고마워요 고방귀 씨》 등이 있습니다.

그림 이지후
중앙대학교 서양화과를 졸업했습니다. 현재 회화 작업을 하며 프리랜서 일러스트레이터로 활동하고 있습니다.
그린 책으로는 《세상을 뒤흔든 위인들의 좋은 습관》, 《게으름뱅이 탈출 학교》, 《나를 바꾼 그때 그 한마디》, 《에디슨과 발명 천재들》, 《일기가 나를 키웠어요》, 《정정당당 공룡축구》, 《삼각형으로 스피드를 구해줘!》 등이 있으며, 그레이트 피플 시리즈에 그림을 그리고 있습니다.

그레이트 피플
안창호의 여권

초판 5쇄 발행 2021년 8월 27일
펴낸이 도승철 | **펴낸곳** 밝은미래 | **등록** 2005년 5월 2일 (제105-14-87935호) | **주소** 경기도 파주시 회동길 349 3층
전화 031-955-9550 | **팩스** 031-955-9555 | **홈페이지** http://www.bmirae.com
편집 송재우, 고지숙 | **디자인** 윤수경 | **마케팅** 김경훈 | **경영지원** 강정희
표지 및 본문 디자인 뭉클 | **진행** 이상희
ISBN 978-89-6546-236-1 74990 | 978-89-6546-090-9(세트)
ⓒ 2016 밝은미래

이 책 내용의 일부 또는 전부를 재사용하려면 반드시 저작권자와 출판사의 동의를 얻어야 합니다.
책에 대한 단순 서평 수준을 넘어서는 내용을 SNS나 사진, 영상 등으로 출판사의 동의 없이 배포하는 것은 저작권법에 저촉될 수 있습니다.

이 책에 사용된 사진은 저작권자에게 허락을 받아 게재했습니다.
저작권자와 초상권자를 찾지 못한 사진은 확인되는 대로 연락 드리겠습니다.

사진 제공 : 문화재청 / 연합포토
일러두기: 표지 배경 사진은 1903년 우리나라 사람 102명이 하와이로 이주할 때 탔던 갤릭 호입니다.

 차례

황학동 만물상	10
안창호	13
서당에서 안창호는 무엇을 배웠을까?	16
동학 농민 운동	18
청일 전쟁	19
신학문의 배움터 구세학당	21
독립 협회와 교육 활동	23
또 하나의 이름, 도산	25
미국에서 벌인 애국 활동	27
항일 비밀 결사 단체, 신민회	29
조국을 떠나 망명의 길로	31
청년 단체 흥사단	33
3·1 운동과 대한민국 임시 정부	35
죄인의 몸이 되어 조국으로	37
가족을 사랑한, 인간 안창호	40
어휘 사전	41
한눈에 보는 인물 연표	44

＊표시가 된 어휘는 '어휘 사전'에서 자세한 설명을 읽을 수 있습니다.

만물상 할아버지
황학동 만물상 주인이다. 초등학교 교장 선생님이었으나, 은퇴한 후 황학동에 만물상을 열었다. 없는 것 빼놓고 다 있다는 만물상에는 신기한 물건이 가득하다.

수지
아홉 살 여자아이. 오래된 물건을 수집하는 것이 취미이다. 선우의 단짝 친구이자 황학동 만물상의 단골손님으로, 만물상에 새로 들어오는 물건에 대해 가장 먼저 알고 싶어한다.

선우
만물상 할아버지의 손자이다. 단짝 친구인 수지와 티격태격하지만 언제나 유쾌하고 명랑하다. 만물상의 물건에 얽힌 이야기를 들을 때 가장 눈이 반짝거린다.

꽃돼지 아주머니

황학동에서 손맛 좋기로 유명한 꽃돼지네 분식집 주인이다. 외국에 떡볶이, 순대, 튀김을 파는 꽃돼지네 분식 2호점을 내는 게 꿈이다.

털보 삼촌

책에 대해서는 모르는 것 없는 만물박사로 헌책방 주인이다. 여러 곳을 돌아다니면서 희귀한 책들을 구해 온다.

황학동 만물시장에는 없는 게 없다. 두 눈을 크게 뜨고 시장 곳곳을 돌아다니면 시간과 공간을 거슬러 온 멋진 물건들과 만나게 된다.

주방 거리에는 옛날 시골에서 쓰던 돌절구부터 오래된 냄비까지 여러 가지 주방 용품이 그득하다.

가구 거리에는 신발장과 책꽂이를 합쳐 놓은 희한한 모양의 책장, 가구 들이 주인을 기다린다.

중고 가전제품 가게는 마치 전자 제품 박물관 같다. 에디슨이 발명한 축음기와 백열전등부터 디지털카메라, 노트북, 스마트폰 등 최신 유행하는 제품까지 모두 있다. 가끔 중고 악기점에서는 악기점 주인이 바이올린으로 연주하는 아름다운 음악 소리가 들려올 때도 있다. 이 악기점에는 기타나 하모니카, 아프리카 원주민이 썼던 타악기까지 없는 악기가 없다.

황학동 거리 곳곳에 있는 노점에서는 인디언 추장의 동상, 중세의 갑옷과 칼, 구리로 만든 희한한 장식품뿐만 아니라 어디에 쓰이는지 알 수 없는 신기하고도 괴상한 물건들도 많이 판다.

이 황학동 만물시장 깊숙한 곳에 '황학동 만물상'이라는 가게가 있는데, 문 앞에는 '없는 것 빼고 다 있어요.'라는 문구가 쓰여 있다.

황학동 만물상의 주인은 선우네 할아버지다. 초등학교 교장 선생님이었던 할아버지는 퇴직 후 평소에 즐겨 찾던 황학동에 만물상을 열었다. 평소에 쉽게 볼 수 없는 갖가지 물건들이 모여 있는 황학동 만물상은 황학동 만물시장의 축소판이다.

선우는 단짝 친구 수지와 함께 자주 할아버지의 만물상을 찾는다. 선우와 수지는 할아버지의 만물상에 혹시 새로운 물건이 들어오지는 않았는지 궁금해서 거의 매일 학교가 끝나는 길에 할아버지 가게에 들른다.

햇볕이 여유로운 오후, 만물상 할아버지는 가게 앞에서 돋보기를 쓴 채 책을 읽으며 아이들을 기다린다.

수지는 오늘도 학교가 끝나자마자 어김없이 만물상 할아버지네로 왔다. 그런데 먼저 와 있던 선우가 수지를 보자 자그마한 녹색 책자를 흔들며 호들갑을 떨었다.

"수지야, 이거 봐라! 이게 뭔 줄 모르지?"

수지가 가까이 가서 보니 겉면에 '대한민국'이라고 쓰여 있었다.

"뭐야, 대한민국 사람들만 쓰는 수첩이야?"

"큭, 이게 바로 여권이라는 거야. 너 외국 여행 가 본 적 없지? 나 이번 방학 때 미국 로스앤젤레스 이모네 집에 놀러 갈 거다!"

선우는 여권을 자랑하며 가방에서 미국 이모에게서 받은 편지도 꺼내 보였다.

수지가 입을 삐죽 내밀며 만물상 할아버지에게 갔다.

"할아버지, 미국 갈 때 여권이라는 게 있어야 해요?"

그러자 할아버지가 허허 웃으며 말했다.

"여권은 다른 나라를 여행할 때 내 신분을 증명해 주는 신분증과 같은 거란다. 그러니 미국뿐 아니라 다른

나라에 갈 때 반드시 필요하지."

만물상 할아버지는 무릎을 탁 치더니 가게 안에 있던 상자 하나를 뒤지기 시작했다.

"가만 보자, 그게 어디 있더라. 옳지, 여기 있구나!"

만물상 할아버지가 누렇게 닳고 해어진 종잇조각을 들고 나왔다.

"이것 좀 보렴. 1902년에 발행된 우리나라 여권이란다. 바로 도산 안창호가 미국에 가기 위해 만든 여권이지."

"와! 그때도 여권이 있었어요?"

선우가 깜짝 놀라 말했다.

"제가 한문 좀 아는데, 대한외부라는 말밖에 모르겠네요."

할아버지 옆에서 여권을 살피던 수지가 아는 척을 했다.

"그래, 맞다. 대한 제국 외무부에서 안창호에게 발행해 준 여권이란다."

"그 옛날에 미국에도 다 가고……. 안창호는 어떤 사람이에요? 미국에는 왜 간 거예요? 그때도 비행기 타고 갔어요? 그리고 여권이 한자로 쓰여 있으면 미국 사람들이 어떻게 읽어요?"

"허허! 수지야, 숨이나 좀 쉬고 질문하렴. 자, 그럼 오늘은 안창호 이야기를 좀 해 볼까?"

"다른 건 몰라도 안창호 별명이 뭐였는지는 알 것 같아요. 창호지였죠?"

안창호 (1878~1938)

◀ 독립 운동가이자 교육가 도산 안창호

안창호는 1878년에 평안남도 대동강 하류에 위치한 한 시골 마을에서 가난한 집안의 셋째 아들로 태어났어. 어릴 때 아버지를 여의고 할아버지 밑에서 자랐단다. 할아버지는 매우 엄했지만 안창호를 아꼈어.

안창호는 어린 시절에 '동학 농민 운동', '청일 전쟁'과 같은 사건들을 접하며 세상에 눈을 뜨기 시작했어. 어려움에 처한 나라와 민족을 위해 일하려면 더 넓은 안목이 필요하다며 서울로 와서 새로운 학문을 공부했단다. 그것도 모자라 미국으로 건너가 공부했지. 미국에서 안창호는 우리 교민들을 위해 일하는 한편 우리나라의 독립 운동을 돕기 위해 자금을 모으기도 했어. 미국뿐 아니라 중국, 러시아 등을 다니며 신민회, 공립 협회, 흥사단 등의 단체를 만들거나 학교를 세워 독립운동의 바탕이 되는 인재를 키웠단다.

위기에 빠진 우리 민족이 세계 어디에 가도 떳떳한 민족, 무엇이든 열심히 잘 하는 민족으로 성장해야 한다고 생각하고 교육에 힘쓴 거야.

선우의 말에 만물상 할아버지가 대답했다.

"안창호의 별명이 있긴 했어. '창호지'는 아니지만 말이다. 안창호네 집안 조상들의 무덤이 평안남도 '노남리'라는 마을에 있고, 안창호가 셋째 아들이라서 마을 사람들은 안창호를 '노내미집 셋째'라고 불렀단다."

"에이, 시시해."

선우가 입을 삐죽하자 할아버지가 손을 내저었다.

"별명은 시시할지 몰라도 마을 어른들에게는 아주 인기 있는 아이였어. 서당에서 돌아와 마을 어른들에게 이야기책을 읽어 드리곤 했거든. 어찌나 실감나고 흥미진진하게 읽던지, 글을 모르는 마을 사람들이 어린 안창호한테 서로 읽어 달라고 할 정도였단다."

"안창호가 주로 읽은 책들이《홍길동전》,《토끼전》,《춘향전》,《심청전》 같은 이야기책이었지요?"

헌책방 털보 삼촌이었다.

"아니, 자네! 무슨 일 있나? 맨날 추리닝만 입더니 오늘은 재킷까지 걸치고……. 혹시 선보나?"

"흐흐, 구립 도서관에 온 아이들에게 책 읽어 주러 가는 길이에요. 오늘은 홍길동전 읽어 주려구요. 책 읽어 줄 때 쓸 소품이 필요해서 왔어요."

선우가 털보 삼촌의 손에서《홍길동전》을 가져다 펼치더니 목소리를 한껏 깔고 읽기 시작했다.

"'평생 설워하옵기는 아버지를 아버지라 부르지 못하고, 형을 형이라 부르지 못하오니 이런 원통한 일이 어디에 있사오리까? 하고 길동은 꺼이꺼이 대성통곡을 하였던 것이었다.' 어때요? 안창호 못지않죠?"

선우의 장난에 모두가 웃음을 터트렸다.

"그럴 거 같다. 안창호가 어릴 때 아버지를 여의고 할아버지 손에 자라면서 힘들었을 텐데도 참 밝고 영특했지. 어릴 때 꾀가 그렇게 많았대. 선우처럼 말이야."

털보 삼촌 말에 할아버지가 생각난 듯 말했다.

"아! 그렇지. 안창호는 고모네 집에 가기를 좋아했는데, 할아버지는 결혼한 고모 집에 가는 게 예의에 어긋난다고 싫어하셨단다. 안창호는 자신이 고모네 집에 간다는 사실을 옆집 할머니가 할아버지에게 전하도록 했어. 만약 할아버지가 그 얘기를 듣고 화를 내면 고모네 집에 안 가고, 할아버지가 화를 내지 않으면 고모네 집에 가려 한 거야."

"우아, 정말 안창호라면 위인인 줄로만 알았는데, 저

처럼 잔머리 잘 쓰는 아이였네요."

선우가 자기 머리를 손가락으로 가리키며 말했다.

"허허, 그래. 선우 학원 안 가려고 머리 쓰는 거 보고 감탄할 때가 한두 번이 아니다."

수지와 털보 삼촌도 함께 웃었다. 한참 웃던 털보 아저씨가 말했다.

"아, 할아버지! 또 참외 서리 사건도 있었잖아요. 참외밭에 몰래 들어가 참외를 따 먹는 참외 서리를 하곤 했는데, 어느 날 기가 막힌 방법을 생각했대요. 참외밭 주인에게 할아버지한테 혼나게 생겼는데, 참외밭에 숨겨 달라고 한 거죠. 참외밭 주인이 숨겨 주자 참외밭에서 마음껏 참외를 먹었대요."

"허허, 그런 일도 있었지. 그러고는 어머니한테 엄청 혼났다네. 그때 안창호는 자신이 잘못했단 걸 깨닫고 절대 그런 속임수는 쓰지 않기로 결심했다더군. 얘들아, 어릴 때 실수는 누구나 할 수 있단다. 그걸 반성한다면 실수는 큰 재산이 되는 법이야."

할아버지 말에 모두 고개를 끄덕였다.

"그런데 할아버지, 서당에서 공부를 하던 안창호가 미국에 어떻게 가게 된 거예요?"

수지가 만물상 할아버지에게 묻자 선우가 알은척하며 나섰다.

"에이, 그것도 모르냐? 서당에서 훈장님한테 영어를 배웠겠지!"

서당에서 안창호는 무엇을 배웠을까?

서당은 오늘날의 초·중·고등학교라고 볼 수 있어. 우리 역사 속에서 아주 오래 전부터 있었던 것으로 추정돼. 고구려의 경당*을 서당의 하나로 보는 사람도 있단다. 조선 시대 서당에는 주로 일곱 살부터 열여섯 살 정도 남자아이들이 다녔고 간혹 스물이 넘어 다니는 사람도 있었어. 서당에 들어오면 먼저 《천자문》과 《유합*》 등을 교재로 한 글자 한 글자를 배웠어. 그 다음 《동몽선습*》으로 글자를 붙여 소리 내어 읽으며 뜻을 익혔지. 그리고 《통감*》, 사서삼경*과 《사기*》 등을 배웠는데 대개는 《통감》 정도까지만 배웠다고 해. 서당에서는 혼자서도 공부할 수 있도록 하는 걸 목표로 교육했단다.

하지만 여자들은 서당을 다니는 경우가 거의 없었어. 대부분 여자는 주로 집안에서 공부를 했어. 지식보다는 유교 정신에 따른 덕목, 집안일에 대해 주로 배웠어.

▲ 조선 말기 서당에서 공부하던 모습이야.

"예끼, 서당에서는 한자로 된 책으로만 공부했지!"

"잘난 체하더니 쌤통이다!"

수지가 고소하다는 듯 깔깔거리자 털보 삼촌이 걱정스럽다는 듯 둘을 바라보며 말했다.

"수지야, 선우야! 너희들은 늘 그렇게 아옹다옹 다투는데, 서로에게 도움이 될 만한 점이나 배울 만한 점은 하나도 없냐?"

수지가 먼저 장난스러운 표정을 거두고 말했다.

"음, 선우가 좀 까불고 산만하긴 하지만 가끔은 개그맨보다 웃길 때도 있어요. 그래서 수업 시간에 분위기 메이커 역할도 제법 하고요. 그런 면은 좀 부러워요."

수지의 갑작스러운 칭찬에 선우의 얼굴이 불그레해지더니 몸을 배배 꼬며 개미만 한 목소리로 말했다.

"수지는…… 수지는 뭐든 빨리 이해하는 것 같아요. 눈치도 빠르고……."

털보 삼촌은 흐뭇한 듯 웃음 지으며 말했다.

"너희가 방금 서로를 칭찬하며 위한 것처럼 안창호에게도 그런 친구가 있었는데, 필대은이라는 친구였어. 안창호보다 서너 살 많아서 친형제처럼 지냈어. 필대은은 서울과 평양을 오가며 보고 들은 이야기나 나라가 처한 상황을 안창호에게 전해 주었지."

수지가 물었다.

"세상 돌아가는 건 꼭 서울이나 평양을 가야만 알 수 있었던 거예요?"

"큰 도시에 가야 알 수 있었단다. 안창호는 시골에서 한자로 된 책으로 유교 사상만을 공부했어. 또 그때는 텔레비전이니 인터넷이니 하는 통신 수단이 없었으니 나라에 큰 사건이 일어나도 모르고 지냈지."

수지가 고개를 끄덕였다.

"아, 필대은은 안창호에게 뉴스 같은 존재였네요!"

수지의 질문에 선우가 입을 떡 벌리며 말했다.

"역시 수지는 이해력이 남달라."

만물상 할아버지가 웃으며 설명을 이었다.

"그 당시 조선의 양반과 관리들은 나랏일은 뒷전이고 자기들 욕심을 채우기에만 급급했어."

"네, 백성들은 백성들대로 살기 힘들다고 아우성이었고 일본이나 청나라는 호시탐탐 우리나라를 노리고 있었잖아요."

털보 삼촌 말에 선우가 눈을 반짝이며 말했다.

"그럴 때 홍길동 같은 사람이 짠 하고 나타나면 좋았을 텐데."

"그러게 말이야. 오늘 도서관 모임에서 내가 홍길동이 되어 홍길동전을 읽어 주는 콘셉트로 해 볼까? 할아버지 이 활 좀 빌려 갈게요!"

털보 삼촌은 가방에 활을 푹 꽂아 넣고는 만물상을 나섰다. 그 뒷모습을 보며 할아버지가 말했다.

"홍길동은 아니었지만 비슷한 운동이 일어났지. 바로 동학 농민 운동이란다. 이 사건을 막겠다고 일본과 청나라가 우리나라에 들어왔어. 동학 농민 운동을 하던 사람들은 외국이 우리나라에 올 명분을 없애기 위해 재빨리 해산*했단다. 그래도 일본과 청은 우리나라에서 물러나지 않고 서로 주도권 다툼을 벌였어. 그게 바로 바로 청일 전쟁이야."

동학 농민 운동

동학의 시작

동학은 조선 말기에 최제우*가 인간 평등과 사회 개혁을 내세워 처음 만든 민족 종교*란다. 부패한 양반과 관리, 또 외세의 침입에서 백성들을 구하기 위해 만들었지. 당시 조선의 백성들은 끼니를 제대로 잇지 못할 정도로 힘들게 살아가야 했어. 그래서 일반 백성들은 동학사상에 쉽게 빠져들었단다.

동학 농민 운동

동학은 거침없이 퍼져 나갔어. 특히 농민들 사이에서 새로운 세상을 만들어 보겠다는 움직임이 크고 작게 일어났지. 그러다 1894년 전라북도 고부 지방의 군수인 조병갑의 횡포를 참다못한 전봉준이 동학 농민 운동을 일으켰어. 전봉준이 이끈 농민군은 전라도와 충청도 지방을 휩쓸며 승리를 거두었지. 이때 농민군이 요구한 몇 가지 사항이 있었어.

- 부패한 관리와 양반 부자들의 횡포를 벌할 것!
- 노비 문서를 태워 없앨 것!
- 신분 차별을 개혁할 것!
- 토지를 고루 나누어 줄 것!

요구 사항만 봐도 동학 농민 운동이 백성들 사이에서 얼마나 호응을 얻었을지 쉽게 짐작할 수 있지.

동학 농민 운동의 실패

조선의 조정*은 동학 농민 운동의 기세가 거칠어지자 일단 농민군의 요구를 들어주는 척했어. 하지만 뒤로는 청나라의 군사를 불러들였고 이 틈에 일본군도 들어오게 되었지. 결국 청나라와 일본군에 의해 동학 농민 운동은 실패로 돌아가고 말았단다.

▲ 전라북도 정읍에 있는 동학 운동 기념탑이야. 동학 농민 운동 때 농민군이 관군과 처음으로 싸워 크게 이긴 곳에 세웠단다.

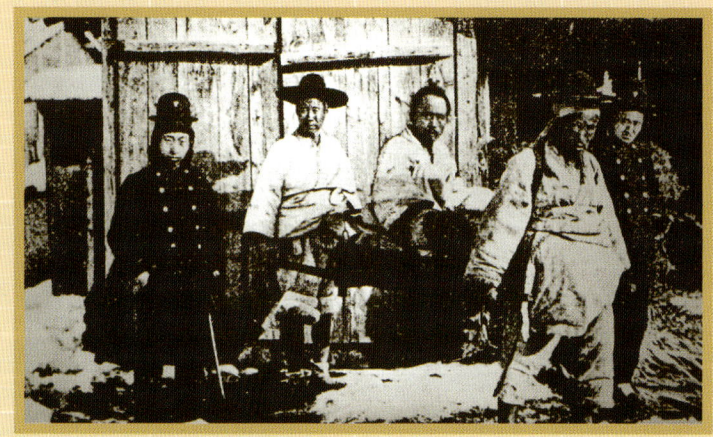

▲ 관군에 잡힌 전봉준의 모습이야. 전봉준은 결국 사형에 처해지고 말았어.

청일 전쟁

청일 전쟁의 흐름

청나라는 조선 조정의 요청으로 동학 농민 운동을 제압하러 2,800여 명의 군사를 우리나라에 보냈어. 그러자 일본도 우리나라에 있는 자기 나라 국민들을 보호한다는 핑계를 대며 군사를 보내 왔지. 청나라와 일본은 당시 호시탐탐 우리나라를 노리고 있었단다. 일본군은 조선에 와서 궁궐을 점령하고 고종 황제를 협박했어. 그리고 1894년에 청나라 군대를 먼저 공격하며 청일 전쟁을 일으켰단다. 1년 동안 계속된 전쟁은 일본의 승리로 끝났고, 그 뒤부터 일본은 우리나라를 자기들 마음대로 조종하기 시작했어.

청일 전쟁을 목격한 안창호

▲ 청일 전쟁으로 아수라장이 되어 버린 평양의 한 마을이야.

▲ 일본과 청은 조선의 주도권을 잡기 위해 전쟁을 벌였어.

평양은 청일 전쟁의 진쟁디 중 하나였어. 그래서 안창호도 청일 전쟁을 가까이에서 목격할 수 있었지. 두 나라의 전쟁 때문에 정작 고통받은 건 바로 우리 민족이었어. 안창호는 다른 나라들의 먹잇감이 되어 버린 우리나라를 위해 무엇을 하면 좋을지 깊게 생각하게 되었단다. 그때 고민을 함께 한 사람 역시 필대은이었어. 안창호는 고민 끝에 자신이 먼저 힘을 키워야 한다고 생각했어. 그러기 위해 새로운 학문을 배우기로 했지. 그러니까 동학 농민 운동과 청일 전쟁은 안창호가 세상에 직접 뛰어든 계기를 만들어 준 사건이었단다.

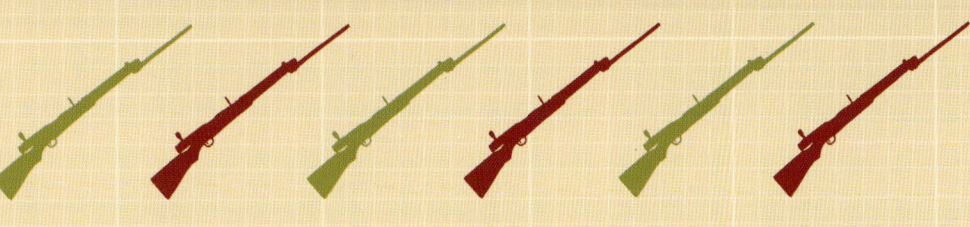

"우리나라 일에 상관도 없고, 자격도 없는 나라끼리 남의 나라 땅에 들어와서 싸우다니 어이가 없네요."

선우가 말했다.

"그래. 너희가 생각해도 말도 안 되는 상황이지? 안창호도 이대로는 안 되겠다고, 우리가 힘을 더 키워야 한다고 생각했던 것 같구나."

선우가 팔뚝의 알통을 내보이며 말했다.

"그럼 힘을 길러야겠네요? 악의 무리들과 싸워 이기려면요?"

만물상 할아버지가 웃었다.

"안창호가 말한 '힘'은 그 힘이 아니야. 지식과 교육, 문화의 힘이지. 군사적인 힘을 사용한 동학 농민 운동이 맥없이 실패로 돌아간 것을 알고는 더욱 절실하게 느꼈어. 그래서 안창호는 오히려 공부를 더 하려고 했단다."

"네? 골치 아픈 공부를 더 하려 했다고요?"

선우가 고개를 흔들었다.

"선우야, 공부가 그렇게 싫으냐. 요즘엔 언제 어디서

나 마음만 먹으면 텔레비전이나 컴퓨터로도 공부할 수 있고 얼마나 좋은데. 안창호 때는 공부하는 데 큰 용기가 필요했어."

"무슨 용기요?"

"음, 집을 떠나 수백 킬로미터 떨어진 곳까지 혼자 갈 용기. 안창호는 새로운 학문을 공부하겠다고 머나먼 길을 떠나 서울까지 왔단다."

"세상에! 공부가 뭐가 좋다고 그렇게까지!"

선우는 고개를 더욱 세차게 흔들었다.

"안창호도 처음에는 후회를 좀 했을까? 처음에 좀 힘들었거든. 가진 돈도 별로 없던 데다 공부를 하려면 뭘 어떻게 해야 하는지도 잘 몰랐어. 그러다 우연히 길에서 밀러라는 미국인 선교사를 만나 구세학당이라는 곳에서 공부를 할 수 있게 되었단다. 다행스러운 일이야."

"와! 정말 뜻이 있는 곳에 길이 있다. 그런 거네요."

수지가 말했다.

"그렇지. 그곳에서 조선의 청년들에게 공짜로 먹여 주고 재워 주며 여러 학문을 가르쳐 주었거든."

"안창호는 어떤 공부를 했나요? 또 한문 공부를 했나요?"

수지가 묻자 할아버지가 대답했다.

"안창호는 구세학당에서 3년 동안 한문뿐 아니라 산수, 지리, 세계사 같은 여러 가지 과목을 배웠어. 기독교도 받아들이게 되었고. 공부를 할수록 세계를 볼 줄 아는 눈이 점점 더 크게 뜨였지."

신학문의 배움터 구세학당

1880년대에 들어 서양의 기독교 선교사들이 조선에 들어와 신식 학교를 짓기 시작했어. 그중 구세학당은 선교사 언더우드가 1886년 서울 광화문의 새문안교회 안에 세운 학교란다.

안창호의 구세학당 생활

구세학당에서는 기독교 정신을 바탕으로 산수, 지리, 세계사, 음악, 과학 등 새로운 학문을 가르쳤단다. 한문책을 통해 유교 사상만을 배웠던 안창호에게는 매우 신선한 경험이었지.

유교 사상만 배웠던 안창호는 처음에 기독교를 받아들일 수 없었어. 하지만 기독교 사상에 '사랑'과 '정의'가 들어 있다는 것을 알고는 기독교인이 되었지.

▲ 구세학당의 학생과 교사의 모습이야.

"그럼 구세학당을 졸업하고는 뭘 했어요?"

선우가 물었다. 할아버지가 대답했다.

"성적이 우수해서 구세학당 조교가 되었단다. 이듬해에는 독립 협회에 들어가 평양에 독립 협회 관서* 지부를 만들고 이끌었어. 안창호는 사람들의 마음을 사로잡는 명연설가로 이름이 널리 알려졌단다."

"아, 어릴 때 그렇게 말을 잘하더니! 부럽다. 나는 반장 선거 나가서 연설할 때 벌벌 떨었는데."

선우가 말했다. 수지도 말했다.

"나도 앞에만 서면 아무 생각도 안 나더라. 그런데, 할아버지, 안창호는 무슨 연설을 했는데요?"

"독립 협회는 다른 나라의 침략에 당당히 맞서고 부패한 정부를 개혁하자고 주장하는 단체였어. 그러니 연설도 나라 안팎의 어수선한 상황을 설명하고 썩은 정부를 비판하는 내용이 주를 이뤘지. 그중에서도 안창호가 평양 쾌재정에서 한 연설이 유명해."

"연설이 뭐가 달라서 그렇게 유명해졌어요?"

"에헴! 어디 한번 내가 안창호의 쾌재정 연설을 읊어볼까나? '쾌재정, 쾌재정 하기에 무엇이 쾌한가 했더니 오늘 이 자리야말로 쾌재를 부를 자리올시다. …… 백성들은 오랜 가뭄에 단비를 바라듯 잘살게 되기를 바라나 관리들은 오히려 백성을 짓밟고 재물을 빼앗고 있습니다. 나라의 관리들이 이럴진대 다른 나라들이 우리나라를 얕보고 함부로 대하지 않겠습니까!'"

아이들이 박수를 쳤다.

"설마 했는데 정말 뭔가 힘이 있는데요?"

선우가 눈을 동그랗게 뜨고 말했다.

"하지만 독립 협회가 나라를 안정시킬 개혁안을 제시하며 어서 시행하라고 세게 밀어붙이자 정부는 불안함을 느꼈어. 그래서 독립 협회를 해산시켜 버렸단다."

"안타깝네요. 좋은 의견은 받아들이면 도움이 됐을 텐데. 그럼 안창호는 어떻게 됐어요?"

수지가 물었다.

"독립 협회 활동이 실패로 돌아가자 안창호는 1899년 평안남도 강서군에 '점진학교'를 세웠단다. 교육으로 나라의 힘을 키우기 위해서였지."

독립 협회와 교육 활동

독립 협회는 1896년 서재필, 이상재, 윤치호 등이 외국의 힘에서 벗어나 강한 정부를 만들자는 주장을 담아서 만든 단체란다. 〈독립신문〉을 펴내고 서울 서대문에 독립문을 세우기도 했어. 안창호는 그동안 자신이 얼마나 우물 안 개구리였는지를 깨닫고 적극적으로 독립 협회 활동을 했어.

점진학교 설립

'점진'에는 기회를 기다리며 독립을 위한 힘을 기르자는 뜻이 담겨 있어. 안창호는 오전에는 학생들에게 신학문*을 가르치고 오후에는 주변의 거친 땅을 일구어 농지로 만드는 사업도 벌였지. 안창호는 점진학교를 세워서 나라를 위해 일할 일꾼을 직접 가르치는 일에 큰 보람을 느꼈단다.

점진학교 교가

안창호는 평생 여러 편의 노래를 만들어 남겼는데, 점진학교의 교가도 직접 지었단다.

점진 점진 점진 기쁜 마음과
점진 점진 점진 기쁜 노래로
학과를 전무하되 낙심 말고
하겠다 하세 우리 직무를 다.

▲ 독립 협회 활동을 하던 시기의 안창호(가운데)야.

만민 공동회

만민 공동회는 독립 협회가 연 민중 대회야. 말 그대로 신분과 계층에 상관없이 모든 사람이 모여 나라를 위해 토론하고 시위를 했지. 서울 종로에서 시작된 만민 공동회는 평양에서도 열렸어. 안창호는 평양에 독립 협회 지부를 세우기 위해 열린 만민 공동회에서 연설을 했지. 하지만 독립 협회와 만민 공동회의 힘이 점점 거세지자 정부는 1898년 무력을 이용해 강제로 해산시키고 말았단다.

▲ 점진학교 건물과 학생들이야. 1899년에 세워진 점진학교는 관서 지방 최초의 사립 학교였단다.

수지가 만물상 할아버지에게 물었다.

"그런데 할아버지, 안창호가 미국에는 언제 간 거예요?"

만물상 할아버지가 처음에 보여 주었던 옛날 여권을 꺼내 들고 말했다.

"녀석들, 성질도 급하긴! 점진학교를 세우고 교육 사업을 하던 안창호는 더 큰 목표를 세웠어. 더 넓은 세상인 미국에서 공부해 교육자가 되겠다고 결심했지. 서양의 문물과 제도를 배우고 돌아와서 우리나라를 구하는 데 힘을 보태려는 목적도 있었단다."

미국 이야기가 나오자 수지 얼굴이 활짝 폈다.

"아, 미국인 선교사가 하던 구세학당에 다니면서 미국에 갈 꿈을 꾸게 된 거죠?"

"맞아, 구세학당에서 받은 영향이 컸지. 안창호는 집안에서 정해 준 신붓감인 이혜련과 결혼식을 올리고 함께 미국으로 떠났어."

할아버지 말에 선우가 기대에 찬 목소리로 물었다.

"비행기 타고요?"

"아니, 그 시절 우리나라에는 비행기가 없었어. 안창호와 이혜련은 인천에서 배를 타고 한 달 넘게 일본을 거쳐 하와이, 캐나다 밴쿠버, 미국 시애틀에 간 뒤 다시 기차를 타고 샌프란시스코에 도착했단다. 정말 고된 여행이었지."

그러자 선우가 손으로 입을 가리고는 욱 하고 토하는 시늉을 했다.

"아빠랑 배낚시 서너 시간 해도 멀미 때문에 죽을 것 같았는데, 한 달 넘게 배를 타다니……. 대단하다."

그러자 수지가 말했다.

"그만큼 의지가 강했다는 거 아니겠니?"

"그래, 수지 말이 맞아. 안창호는 배우려고 하는 의지가 얼마나 강했는지 영어와 교육 제도를 제대로 배우고 경험하겠다며 미국의 초등학교에 입학해서 초등학생들과 함께 수업을 받기도 했단다."

 # 또 하나의 이름, 도산

안창호가 미국에 가기 위해 태평양 바다 위를 건너고 있을 때였어. 끝없는 바다만 펼쳐지다 어느 순간 먼 곳에서 산봉우리 하나가 불쑥 보였어. 사람들은 육지가 보인다며 반가워했단다. 이때 안창호는 자신도 어려움에 처한 우리나라 사람들에게 희망찬 봉우리가 되어야겠다고 다짐하며 자신의 호를 '도산(島山)'이라고 지었단다.

지구 한 바퀴를 넘게 돈 독립운동가

안창호는 1902년 미국에 간 것을 시작으로 30년 넘게 중국, 러시아, 멕시코, 필리핀 등 세계 곳곳을 누비며 외국에 사는 동포들을 한데 모으고 독립운동을 펼쳤어. 안창호가 외국에 다니며 만든 여권에 기록된 것만 따져도 지구 한 바퀴(약 4만km)를 거뜬히 돌고도 남는단다. 안창호가 자신의 호처럼 세계 곳곳의 우리 민족에게 힘과 희망이 되려고 얼마나 부지런히 애썼는지 알 수 있는 대목이란다.

안창호와 미국 이민

▲ 미국 캘리포니아 농장에서 일하는 안창호의 모습이야.

우리나라와 미국은 1882년에 조약을 맺고 정식 왕래를 시작했단다. 우리나라 사람 중 처음으로 미국에 간 사람들은 인삼 장수였어. 안창호가 처음 미국에 가서 만났던 우리 동포들도 대부분 인삼을 팔아 살아가고 있었지. 그러다 1903년 102명이 사탕수수 농장에서 일하기 위해 미국 하와이로 갔단다. 이후 꾸준히 미국 이민자들이 늘었지.

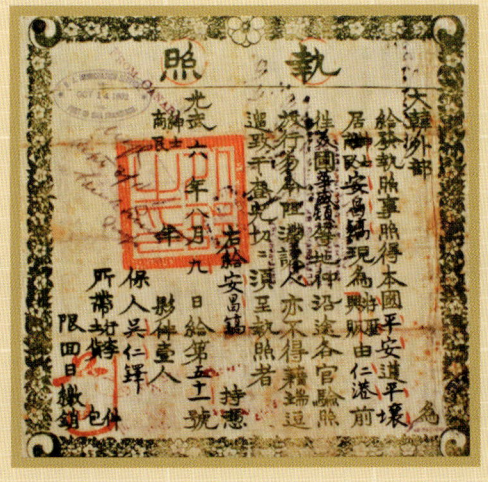
◀ 안창호가 1902년 미국에 갈 때 사용했던 여권이야. 그 당시에는 '집조'라고 불렀지. 대한 제국 외부(지금의 외교부)에서 발행했다는 것을 알 수 있단다.

미국에서도 기리는 안창호

미국 이민자들 사이에서 안창호는 정신적인 지도자나 다름없었단다. 어렵고 힘겹기만 했던 미국 이민자들에게 큰 힘을 주었거든. 그래서 미국 로스앤젤레스*에는 안창호의 뜻을 기린다는 의미로 안창호 우체국과 안창호 광장이 만들어져 있어. 미국 리버사이드* 시는 8월 11일을 '도산 안창호의 날'로 지정하기도 했단다.

▲ 미국 리버사이드 시청 앞 안창호 동상이야.

"예이, 실망이에요. 전 안창호가 미국에 가서 재미나게 논 줄 알고 이번에 미국 가는 데 도움이 될까 하고 기대했는데, 공부하고 일만 했다니……."

선우가 뾰로통하게 말하자 만물상 할아버지가 혀를 끌끌 찼다.

"녀석도 참! 그 시대에는 마음 편하게 놀 형편이 아니었어. 나라 안은 일본의 침략으로 힘들었고, 외국 동포들은 돈도 없고 제대로 배우지 못해 힘겨웠거든."

그때 수지가 끼어들었다.

"그런데 할아버지, 그 옛날에도 외국에 우리나라 사람들이 많이 살았어요? 비행기도 없던 시절인데요?"

만물상 할아버지가 어두워진 표정으로 말했다.

"지금은 교육이나 직장 때문에 이민을 가지만 그때는 우리나라에서 도저히 살 수 없어서 외국을 가는 경우가 많았어. 하지만 돈이 없고 제대로 배운 게 없으니 외국에서도 오렌지 따기 같은 허드렛일을 하며 살 수밖에 없었지."

뾰로통해 있던 선우가 부끄러운 듯 머리를 긁적였다.

"아, 그럼 안창호도 미국에서 힘들게 살았어요?"

"그렇지. 하지만 안창호는 자신이 힘든 것보다 우리 동포들이 어렵고 힘들게 사는 것을 보고 그냥 지나칠 수 없었어. 그래서 공부도 제쳐 두고 동포들을 돕기 시

작했단다."

수지가 고개를 갸우뚱하며 물었다.

"안창호도 어렵게 살았는데 어떻게 도왔어요?"

"쉬운 일부터 했단다. 미국에 가 있던 우리나라 동포들 대부분이 가난과 일에 찌들어 집을 돌보지 않는 경우가 많았어. 안창호는 우리 동포들이 모여 사는 곳을 다니며 집 안팎을 청소했단다. 그리고 혹시 동포들끼리 돈이나 일 때문에 시비가 생기면 가운데서 입장을 조절해 주며 말리기도 했지."

선우가 입을 떡 벌렸다.

"정말 대단한데요. 아무리 같은 민족이라도 어떻게 그럴 수가 있을까요?"

"그러니까 이렇게 역사에 남는 것 아니겠니. 안창호는 조금 더 나가 우리 동포들이 똘똘 뭉치기를 바랐어. 그래서 조선 사람으로 부끄럽지 않게 살자며 격려했지. 또 비록 먼 미국에서라도 주권을 잃은 나라를 도울 방법이 없을까 끊임없이 궁리했단다."

수지가 궁금한 듯 물었다.

"그런데 어떤 방식으로 우리 동포들을 지도한 거예요? 또 연설을 한 거예요?"

그러자 만물상 할아버지가 좋은 질문을 했다며 칭찬하고는 말했다.

"미국에서 모임을 만들었어. 공립 협회라고. 처음에는 동포들끼리 서로 도우며 친목을 다지려는 목적이었지만 점차 항일 운동으로 활동을 넓혔지."

미국에서 벌인 애국 활동

미국 최초의 한국인 단체, 공립 협회

공립 협회는 안창호가 1905년 샌프란시스코*에서 만든 단체로, 미국에서 만들어진 최초의 한국인 단체란다. 공립 협회는 미국에 사는 우리 동포들이 서로 도울 수 있도록 도움을 주기도 하고, 조국의 독립을 위해 일하기도 했어. 나중에는 연해주, 중국, 우리나라 안에서 지부가 만들어지기도 했어. 공립 협회에서는 국내 소식과 해외 동포들의 소식을 전해 주고 나라를 되찾기 위한 내용을 담은 신문인 〈공립신보*〉도 발행했단다. 공립 협회의 회원 수가 늘자 협회의 힘도 갈수록 커져서 마침내 교민들의 대표 단체로서 미국 정부와 협상을 할 수 있는 위치에까지 오르게 되었단다.

▲ 공립 협회 회장으로 활동하던 때의 안창호야.

그때 꽃돼지네 분식집 아주머니가 순대 접시를 들고 들어왔다.

"지난번에 영어 가르쳐 주신 게 너무 감사해서 순대라도 한 접시 드시라고 가져와 봤어요. 호호! 덕분에 저희 꽃돼지네 분식 뉴욕 지점 준비는 아주 잘 되어 가고 있네요."

할아버지, 수지와 선우는 순대를 맛있게 먹었다.

"참! 아주머니, 그럼 아주머니도 안창호가 미국에 갔다는 사실 아세요?"

문득 생각 난 듯 수지가 포크를 내려놓으며 물었다.

"그럼. 그분은 공부하러 미국 가셨다가 우리 동포를 위해 몸소 청소도 하고 모임도 만드셨잖니. 일본이 우리나라의 외교권을 빼앗는 바람에 1907년에 우리나라로 돌아오셨지만."

아주머니 대답에 선우가 말했다.

"저라면 나라가 힘든 상황이니까 오히려 외국에 있으려고 했을 것 같아요."

그러자 꽃돼지 아주머니가 고개를 끄덕이며 말했다.

"그래. 아내와 어린 아들은 두고 와야 했으니 마음이 더 힘들었을 거야."

"하지만 안창호는 나라를 위해 더 적극적으로 일을 했지. 오자마자 전국을 돌며 연설을 시작했어. 어려운 나라 상황을 백성들에게 널리 알리고, 독립을 위해 뜻을 모으고 힘을 길러야 한다고 외쳤단다."

할아버지가 말했다. 수지가 걱정스레 물었다.

"우아, 대단해요! 그런데 그렇게 공개된 곳에서 독립을 외치는데 일본 경찰이 가만히 있었어요?"

할아버지가 고개를 저으며 말했다.

"일제는 안창호를 바로 통제하기보다는 안창호가 사

람들의 마음을 사로잡는 힘을 이용하려고 했어. 그 당시 일본은 우리나라를 다스리기 위해 '통감부'라는 조직을 만들었는데, 그 우두머리인 이토 히로부미 통감이 안창호에게 만나자고 제안을 했단다."

선우가 갑자기 겁을 먹은 목소리로 말했다.

"헉, 안창호를 잡아들이려고 만나자고 한 거예요?"

꽃돼지 아주머니가 대답했다.

"아니야. 이토 히로부미는 윽박지르지 않고 안창호를 부드럽게 설득하려고 했대. 자신들이 대한 제국을 강한 나라로 만드는 데 도움을 달라고. 거기에다 안창호에게 높은 벼슬자리를 주겠다는 말도 했대."

"그래서요? 안창호가 그러자고 했어요?"

수지가 다급하게 물었다.

"안창호가 누구니? 이토 히로부미의 얕은 꾀에 빠질 분이 아니지. 오히려 대한 제국을 강한 나라로 만드는 일은 한국* 사람이 직접 하겠다며 큰소리를 쳤대."

수지와 선우가 다행이라며 후 하고 숨을 내쉬었다.

할아버지가 흐뭇하게 웃으며 말했다.

"너희들도 벌써 안창호와 한마음이 되었구나. 이토의 바람과 달리 안창호는 1907년 '신민회'라는 항일 비밀 결사 단체를 만들었어."

꽃돼지 아주머니가 덧붙였다.

"신민회는 무엇보다 민족의 실력을 기르는 걸 목표로 삼았죠? 그래서 1908년에 평양에 대성학교를 세웠잖아요."

항일 비밀 결사 단체, 신민회

안창호는 미국에서 돌아온 뒤 더욱 적극적으로 독립운동을 하기로 마음먹고 뜻이 맞는 사람들과 함께 1907년에 신민회를 만들었어. 하지만 일본의 감시가 심해 비밀리에 활동할 수밖에 없었지. 신민회는 백성들에게 독립 의지를 심어 주고, 힘과 실력을 키우자는 주장을 하며 교육 사업에 열심이었단다.

신민회의 교육 사업, 대성학교

신민회는 청년들에게 독립사상을 심어 주고 지식과 힘을 길러 주기 위해 각 지역에 학교를 세우기로 했어. 그 목적에 따라 맨 먼저 지은 학교가 평양의 대성학교란다. 안창호는 학생들에게 "나라가 없으면 나도 없다. 나라가 힘이 있어야 나도 힘을 얻을 수 있다."며 학생들에게 애국심을 심어 주고, 힘과 실력을 키울 것을 강조했단다.

▲ 신민회가 평양에 세운 대성학교의 학생과 학교 건물이야.

"네!" 하지만 대성학교에서 아이들을 가르친 지 몇 년 안 되어 안창호에게 큰 위기가 닥쳤지요. 얘들아, 너희들 안중근 의사 기억하지?"

할아버지의 질문이 끝나기가 무섭게 선우가 말했다.

"아, 네! 그럼요. 지난번에 얘기해 주셨잖아요!"

"저두요. 예전에 우리나라 독립과 동양 평화를 당당하게 외쳤다고 하신 얘기에 너무 감동했어요."

수지도 대답했다. 꽃돼지 아주머니가 방긋 웃으며 말했다.

"그래! 안중근은 중국 하얼빈 역에서 일본이 우리나라를 침략하는 데 앞장선 이토 히로부미를 저격했어. 복수심보다는 세계에 우리나라가 자주 독립 국가라는 사실을 알리기 위해 한 일이었대."

"그런데, 안중근과 안창호가 무슨 관련이 있어요?"

그러자 꽃돼지 아주머니가 슬픈 얼굴로 말했다.

"이토 히로부미가 죽자 일본은 독립운동가들을 모조리 잡아들이기 시작했어. 우리나라의 독립운동가가 만만하게 볼 상대가 아니라는 것을 깨달은 거야. 그때 대성학교에서 일을 하고 있던 안창호도 일본 경찰에 끌려가게 되었대."

수지와 선우가 낮게 한숨을 내쉬었다. 할아버지도 착잡하게 말을 이었다.

"일본 경찰은 안창호가 안중근 의사의 의거 활동과 관련이 없는 것을 알고는 풀어 주기로 했단다. 하지만 점점 더 감시가 심해져 안창호는 국내에서의 활동을 접을 수밖에 없었지."

"어떡해요. 그럼 더 이상 독립운동을 못 한 거예요?"

수지가 가슴에 손을 모으고 물었다.

"아니다. 안창호는 꿋꿋하게 중국, 미국, 멕시코, 러시아 같은 나라를 돌아다니며 독립운동을 펼쳤단다."

"에구, 우리는 외국 나가서 재밌게 놀려고만 했는데, 안창호는 외국에서 독립운동을 했네요. 선우야, 우리 좀 부끄럽다. 그치?"

수지 말에 선우도 고개를 끄덕였다.

 조국을 떠나 망명의 길로

떠나는 마음을 노래에 담다

안창호는 1910년 4월 일본의 감시를 피해 우리나라를 탈출했어. 압록강을 건너는 배 위에서 멀어져 가는 조국 땅을 바라보며 슬픔에 젖었지. 안창호는 이때 심정을 〈거국가〉라는 노래에 담았단다. 이 노래에서 '너'는 조국을 부르는 말이야. 그 당시 우리나라 청년들은 나라 잃은 설움을 삭이며 〈거국가〉를 소리 죽여 부르곤 했단다.

〈거국가〉

간다 간다 나는 간다. 너를 두고 나는 간다.
잠시 뜻을 얻었노라. 까불대는 이 시운이
나의 등을 내밀어서 너를 떠나가게 하니
이제부터 여러 해를 너를 보지 못할지나
그동안에 나는 오직 너를 위해 일할지니
나 간다고 설워 마라. 나의 사랑 한반도야.
...
간다 간다 나는 간다. 너를 두고 나는 간다.
지금 이별할 때에는 빈 주먹을 들고 가나
후일 상봉할 때는 기를 들고 올 터이니
눈물 흘린 이 이별이 기쁜 환영 되리로다.
악풍 폭우 심한 이때 부대부대 잘 있거라.
훗날 다시 만나보자. 나의 사랑 한반도야.

사라진 조국과 망명의 길

▲ 한일 병합 조약을 위해 조작된 문서 중 하나인 전권 위임장이야. 누군가 순종의 서명을 조작했다고 전해져.

1910년 8월 우리나라와 일본은 '한일 병합 조약'을 맺었어. 이로써 빈껍데기로나마 있던 우리나라는 주권을 완전히 잃고 일본의 식민지가 되고 말았지.

같은 해 4월에 우리나라를 떠난 안창호는 중국과 러시아, 독일, 영국 등을 다니며 외국에서 벌어지고 있는 독립운동을 살피고 도왔어. 하지만 외국을 드나들 때 필요한 여권이 문제였어. 일제 강점기에는 대한 제국 여권은 소용이 없고 일본 여권을 발급 받아야 했거든. 하지만 안창호는 자신은 결코 일본 국민이 아니라며 대한 제국에서 발급한 여권을 가지고 다녔어. 정치 망명자라는 신분으로 외국에 드나들었단다. 망명이란 정치적인 이유로 제 나라에 있지 못하고 다른 나라로 몸을 피하는 일을 말하지. 안창호는 1932년 일본 경찰에 잡혀 묶인 몸이 되어 우리나라로 돌아오기 전까지 망명자 신세였던 거야.

31

"할아버지, 저 왔어요. 활 돌려 드리려고요. 애들이 엄청 재밌어했어요. 꽃돼지 아주머니도 계시네요. 아직 안창호 얘기 중이세요?"

털보 삼촌이었다.

"그렇다네. 지금 좀 중요해. 안창호가 중국을 거쳐 러시아로 간 지 얼마 안 돼 1910년 일본이 한일 병합을 억지로 맺어 대한 제국을 완전히 삼켜 버렸거든."

"아! 어떡해. 정말 병합 얘기만 들으면 화가 나요."

"나도."

수지와 선우가 말했다.

"그때 안창호를 비롯한 독립운동가들은 어떻게 해야 할까 의논을 많이 했대요. 어떤 사람은 당장 총을 들고 싸워야 한다고 했지만, 안창호는 좀 더 준비를 하자는 의견이었대요. 결국 저마다 생각대로 뿔뿔이 흩어졌다나 봐요. 안창호는 미국으로 돌아갔고요. 미국을 떠난 지 4년 만이었지요."

꽃돼지 아주머니 이야기에 수지가 깜짝 놀라 물었.

"그럼 4년 동안이나 가족을 못 보고 지낸 거예요?"

선우가 말했다.

"그래. 그리워하던 가족을 만났으니 얼마나 좋았을까? 참, 우리 집에 친정어머니 와 계시는데……. 오늘은 맛있는 거 해 가지고 좀

일찍 들어가야겠다."

꽃돼지 아주머니는 만물상을 떠났다.

"안창호는 미국에 돌아가서도 바빴지요?"

털보 삼촌이 말했다.

"그렇다네. 얘들아, 전에 안창호가 '공립 협회'를 만들었다고 했던 것 기억나지? 이번에는 그 단체보다 훨씬 더 범위가 큰 단체인 '대한인 국민회 중앙 총회'를 만들었단다. 북아메리카, 하와이, 연해주, 시베리아의 한인 대표들을 모아 만든 단체였지. 해외에서 생활하는 우리나라 동포들을 대표하는 최고 기관이 만들어진 셈이었단다."

수지가 만물상 할아버지의 말을 가만히 곱씹더니 말했다.

"그러고 보니 안창호는 언제나 어디를 가든 단체를 만들었네요."

"맞아. 안창호는 그런 재주가 많았대. 뜻이 맞는 사람들을 한데 모으고, 힘을 키워 여러 사람과 함께 나누도록 하는 능력 말이야. 그런 의미에서 하나 더! 안창호는 미국에서 흥사단이라는 단체도 만들었대. 흥사단은 지금도 이어져 오고 있어."

"대단하지? 내가 전부터 생각하던 건데 털보 자네도 이 만물 시장에 독서 모임 하나 만들면 어떻겠나."

"아! 정말 좋은 생각이세요. 모임 이름은 헌책을 사랑하는 사람들의 모임, '헌사모'로 하고요."

털보 삼촌이 말했다.

청년 단체 흥사단

흥사단은 '선비를 일으킨다.'는 뜻으로, 올바른 인격과 자질을 갖춘 사람들의 모임을 말해. 바른 인격을 갖춘 청년들이 굳게 힘을 모아서 나라의 독립과 발전을 준비한다는 목표를 세웠지. 안창호는 바른 인재를 들이기 위해 흥사단에 가입하려는 청년들을 꼼꼼하게 면접 보고 뽑았단다. 흥사단은 지금도 국내와 미국, 캐나다 등에 30개가 넘는 지부를 두고 활발히 활동하고 있어. 오늘날의 흥사단은 민족 통일 운동, 교육 운동 등을 벌이고 있단다.

▲ 1926년 뉴욕 흥사단원들의 모습이야.

▲ 흥사단 단기야.

"안창호는 계속 미국에서 활동을 했나요?"
수지가 물었다. 할아버지는 고개를 저었다.
"1919년 안창호는 우리나라에서 3·1 운동이 일어났다는 소식을 들었어. 하지만 3·1 운동 소식에 기뻐할 수만은 없었단다. 나라의 독립을 외쳤다는 이유만으로 일본 경찰에 잡혀 고문을 당하고, 총칼에 맞아 죽은 사람이 상당히 많았거든. 안창호는 독립을 제대로 부르짖기 위해서는 더욱 체계적이고 철저한 준비가 필요하다고 생각했어. 그러기 위해서는 힘을 갖춘 조직이 필요하다고 봤단다."

만물상 할아버지의 말이 끝나기가 무섭게 눈치 빠른 수지가 한마디를 했다.

"그럼 또 단체를 만든 거예요?"

만물상 할아버지가 살며시 웃었다.

"맞아. 하지만 이번에는 친목 단체도 아니고 교육이나 수련을 위한 단체도 아니었어. 바로 대한민국 임시 정부를 만드는 데 힘을 보탰단다."

"그런데 왜 정식이 아니라 임시예요?"

"그 당시 우리나라는 일본에게 주권*을 잃은 상태였어. 그러니 우리나라 안에서가 아닌 외국에서 임시로 정부를 세울 수밖에 없었지."

"아, 그럼 안창호가 있던 미국에서 임시 정부가 세워졌어요?"

"아니야. 중국 상하이에서 만들어졌단다. 미국에 있던 안창호는 일본의 감시를 피하기 위해 오스트레일리아와 홍콩을 거쳐 상하이에 갔는데 무려 50여 일 만에야 도착할 수 있었다는구나."

미국에서 중국 상하이까지 50일이나 걸렸다는 말에 선우의 눈이 동그래졌다.

"거의 두 달이나 걸린 거네요! 그렇게 걸려 간 보람이 있었나요?"

"안창호가 임시 정부 수립에 기여를 한 건 확실해."
털보 삼촌이 대답했다.

3·1 운동과 대한민국 임시 정부

1919년 3월 1일에 일어난 3·1 운동은 우리 민족을 하나로 뭉치는 계기가 되었단다. 나라 안팎의 독립운동가들은 독립된 정부를 세우기로 마음먹었지. 비록 외국에서지만 민주적인 정부를 세워 우리나라가 자주 독립 국가임을 세계에 알리려고 했어. 이렇게 해서 세운 것이 바로 대한민국 임시 정부란다.

3·1 운동의 시작과 끝

1919년 3월 3일은 고종 황제 장례식 날이었어. 이를 위해 많은 사람들이 모인 3월 1일 손병희, 한용운 등 민족 대표 33인이 독립 선언서를 통해 우리나라의 독립을 세계에 알렸어. 이것이 3·1 운동을 알리는 신호탄이 되었단다. 뒤이어 탑골 공원에서는 학생과 시민들이 만세 운동을 펼쳤지. 만세 운동은 전국과 외국으로까지 퍼져 나갔지만 일본의 무자비한 진압으로 결국 실패하고 말았단다.

대한민국 임시 정부와 안창호

안창호는 상하이에 모인 독립운동가들의 부탁으로 임시 정부의 내무 총장* 자리를 맡게 되었단다. 안창호는 먼저 미국의 대한인 국민회를 통해 모은 독립 자금으로 임시 정부의 사무실을 마련했어. 흩어져 있던 독립운동가들을 모으고, 여러 개로 나뉘어 있던 임시 정부를 한곳으로 합치는 일에도 힘썼지.

이로써 1919년 9월 통합된 대한민국 임시 정부가 생겨나게 됐단다. 임시 정부의 대통령은 이승만이 맡았고 안창호는 내무 총장보다 낮은 직급인 노동국 총판*을 맡았어. 높은 자리를 사양하고 발로 뛰면서 일할 수 있는 자리를 스스로 선택한 것이었단다.

▲ 3·1 운동 당시 많은 사람들이 덕수궁 앞을 지나며 독립을 외치는 모습이야.

◀ 임시 정부 시절의 안창호(앞 가운데) 모습이야.

"자네 말이 맞아. 안창호는 대한민국 임시 정부를 제대로 세우기 위해 정말 애썼지. 임시 정부 청사*를 마련하고 임시 정부로 사람들을 불러 모으면서 말이야. 공화주의*와 삼권 분립*을 중심으로 한 헌법도 발표했고. 독립된 정부를 세우려는 안창호와 독립운동가들의 노력은 정말 눈물겨웠어."

할아버지 말에 털보 삼촌이 덧붙였다.

"하지만 당시 임시 정부에는 문제가 생겼지요. 서로 이렇게 하는 게 옳다, 저렇게 하는 게 옳다 의견이 나누어졌으니……. 정말 안타까워요."

할아버지는 고개를 끄덕였다.

"안창호도 임시 정부에 몸 담은 사람들 뜻을 모으려 힘썼단 건 자네도 알지? 하지만 바람대로 되지 않았네. 결국 안창호는 그런 일에 책임을 지고 임시 정부에서 나왔어. 그리고 1924년 미국으로 돌아갔지."

"가족을 만날 수 있어 좋았을 것 같아요. 하지만 뭔가, 아쉽네요."

수지가 말했다.

"안창호가 임시 정부에서 나왔다고 다 포기한 건 아니었어. 미국에서도 우리 민족의 독립을 위해 무엇을 할 수 있을까 궁리하고 또 궁리했단다."

"네, 그래서 나라 밖 우리 민족이 모여 미래 인재를

길러 내는 독립 운동의 근거지로 이상촌을 만들기 위해 1926년 중국으로 돌아갔잖아요."

할아버지 말에 털보 삼촌이 덧붙였다.

"와! 정말요? 그래서 무사히 이상촌을 세웠어요?"

할아버지는 고개를 저었다.

"1932년 윤봉길 의거에 안창호도 휘말려 일본군에 잡혔단다. 국내로 보내져 치안 유지법 위반이라는 죄명으로 징역 4년을 선고받았지."

선우가 곧 울음이 터질 듯한 목소리로 물었다.

"잘못한 것도 없잖아요. 그런데 왜 감옥에 갔어요?"

만물상 할아버지가 가라앉은 목소리로 대답했다.

"물론 죄는 없지. 굳이 갖다 붙이자면 독립운동을 했다는 이유에서였지."

선우와 수지, 털보 삼촌까지도 모두 한숨을 내쉬었다.

"할아버지, 안창호는 그럼 감옥에 갇힌 채로 독립운동을 마친 거예요?"

수지가 눈에 눈물을 매단 채 물었다.

"안창호는 2년 반 동안 감옥에 갇혀 있다 몸이 너무 약해져서 결국 풀려났어. 안창호가 풀려났다는 소식에 수많은 사람들이 안창호를 찾아오자 일본 경찰은 안창호가 또 다시 사람들을 모아 독립운동을 할까 봐 안창호를 다시 감옥에 가둬 버렸어."

그러자 선우가 주먹을 불끈 쥐며 말했다.

"정말 너무한 거 아니에요? 아픈 사람을 또 감옥에 가두다니!"

죄인의 몸이 되어 조국으로

홍커우 공원의 윤봉길 의사

1932년 4월 29일 중국 상하이 홍커우 공원에서 일본 천황의 생일을 축하하는 행사가 열렸단다. 윤봉길 의사는 이때를 맞춰 폭탄을 던져 일본군 여러 명을 죽이는 의거를 일으켰어. 이 일로 일본군은 상하이에서 활동하는 독립운동가들을 닥치는 대로 잡아갔어.

◀ 의거를 일으키기 3일 전의 윤봉길(1908~1932) 의사야.

형무소에 갇힌 안창호

안창호는 윤봉길 의사와 관련이 없었지만 일본은 독립운동을 했다는 죄를 씌워 징역 4년을 선고했단다. 결국 안창호는 나라의 독립을 위해 망명의 길을 떠난 지 30여 년 만에 밧줄에 꽁꽁 묶인 채로 조국으로 돌아오게 되었지. 감옥에 갇힌 안창호의 건강은 날로 나빠졌어. 일본 검사가 몸이 약해진 안창호에게 독립운동을 계속 할 거냐고 묻자 안창호는 당당하게 이렇게 말했단다.

"나는 밥을 먹을 때도 민족을 위해 먹고, 잠을 잘 때도 민족을 위해 잤다. 앞으로도 민족을 위해 살 것이다."

만물상 할아버지도 씁쓸한 듯 말했다.

"그렇지 너무하지. 안창호는 감옥 생활을 하지 못할 정도로 건강이 나빠져 병원 신세를 져야 했어. 그러다 결국 1938년 3월 10일 세상을 뜨고 말았단다. 일본은 한 나라의 독립운동가를 원통하게 세상을 뜨게 한 것으로도 모자라 장례식에 오는 사람도 20명으로 제한하고 묘지에 묘비도 세우지 못하게 했단다."

만물상 할아버지의 말에 수지도 선우도 한동안 말을 하지 못했다. 그러다 털보 삼촌이 침묵을 깨고 말했다.

"만물상 할아버지, 오늘 가게 문 일찍 닫고 수지, 선우와 함께 도산공원에 다녀오는 건 어떨까요? 거기에 안창호의 무덤이 있잖아요. 장례식 때도 사람들이 많이 참석하지 못했다고 하니 늦었지만 지금이라도 가서 참배하면 좋을 것 같은데요."

털보 삼촌의 말에 수지와 선우가 다시 기운을 차렸다.

"할아버지, 함께 가요!"

만물상 할아버지와 수지와 선우는 털보 삼촌의 고물 자동차를 타고 도산공원에 가기로 했다.

도산공원으로 가는 차 안에서 만물상 할아버지가 수지와 선우에게 퀴즈를 냈다.

"수지야, 선우야! '안창호는 땡땡땡이다. 왜냐하면 어떠, 어떠하기 때문이다.' 여기서 땡땡땡에 들어갈 말과, 이유를 한번 만들어 볼래? 정답은 없어. 너희들이 안창호의 이야기를 듣고 생각한 게 답이니까."

수지와 선우는 곰곰이 생각에 잠기더니 수지가 먼저 생각난 듯 말했다.

"안창호는 선생님이다. 왜냐하면 언제 어디에서나 사람들을 깨우치고 가르치기를 좋아했기 때문이다."

만물상 할아버지와 털보 삼촌이 박수를 쳤다. 그러자 선우도 급하게 생각한 답을 말했다.

"안창호는 조금 아쉬운 아빠다. 왜냐하면 나랏일을 하느라 가족은 잘 돌보지 못했기 때문이다."

선우의 답에도 만물상 할아버지와 털보 삼촌은 박수를 쳤다.

수지와 선우, 만물상 할아버지, 털보 삼촌이 안창호에 대한 이야기로 꽃을 피우는 동안 도산공원에 도착했다.

수지와 선우는 공원 앞에서 국화 꽃 한 송이씩을 사서 안창호의 무덤 앞에 가만히 놓았다.

 # 가족을 사랑한, 인간 안창호

안창호는 거의 수십 년 동안 가족과 헤어져 독립운동을 위해 살았단다. 그건 가족을 덜 사랑해서가 아니라 우리나라의 독립이 우리 민족의 일원인 가족을 위한 일이라고 생각했기 때문일 거야.

안창호가 아내와 딸에게 보낸 편지를 보면 안창호가 얼마나 가슴 따뜻한 아빠였는지 알 수 있단다.

나의 사랑하는 아내 혜련에게

당신이 경성 서대문 형무소로 두 번 보낸 편지는 다 반가이 받아 보았소. 전에도 말했지만 내가 평생에 당신에게 기쁨과 위안은 주지 못했고 이제 늘그막에 와서 근심과 슬픔만 주게 되니 불안한 마음을 헤아릴 수 없소. 더욱이 집안일과 아이들에 대한 모든 시름을 늘 혼자 맞게 하니 미안하고 미안하오.

…… 우리들이 어떤 곳에, 어떤 경우에 있든지 우리의 마음이 완전한 화평에 이르도록 사랑을 믿고 행합시다. …… 이것을 당신에게 선물로 줄 마음이 있어 '사랑' 두 글자를 보내오니 당신은 당신의 사랑하는 남편이 옥중에서 보내는 선물로 받으시오.

…… 말이 너무 길어지므로 그만 줄이오. 아이들에게도 자주 편지하고 싶으나 형편이 허락하지 아니하오. 아이들을 보고 싶은 마음은 평상시보다 더욱 간절하오. 그 중 필영이 생각이 더 많이 나오.

- 1933년 6월 1일 당신의 남편

나의 사랑하는 딸 수산에게

네가 보낸 편지를 반가이 받아서 자세히 보고 기뻐하였다. 내가 너를 품에 안아 재워 주던 것이 어제 같은데 지금에는 네가 대학생이요, 영 레이디가 되었구나. 수라의 춤을 보던 것이 어제 같은데 중학교를 마치고 대학으로 가게 되었으니 세월이 빨리 달아난 것을 알겠다. …… 네 오라버니 필립이도 대학을 다니는 것을 좋게 생각하고 필선이가 그처럼 공부에 힘쓰고 특별히 어머님을 항상 도와드린다니 참 기쁘다. ……

- 1934년 10월 1일 너의 아버지

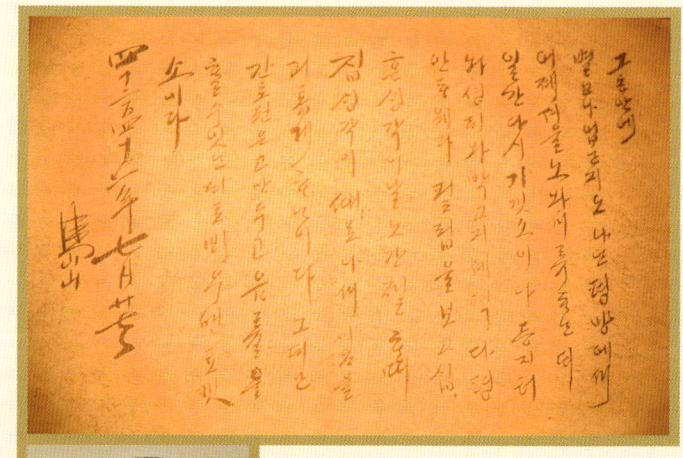

▲ 안창호가 아내에게 보낸 편지란다.
◀ 서대문 형무소에 갇혀 있을 때 안창호의 모습이야.

어휘 사전

*표시된 어휘를 자세히 설명합니다.

경당(16쪽) : 고구려 각 지방에 있던 학교야. 평민 자녀들을 위한 교육 기관으로 가난한 집 자녀까지도 공부할 수 있었어. 학문과 무예를 익혔다고 해.

유합(16쪽) : 1,515자의 한자를 배우는 한자 학습서로 조선 성종 때 서거정이 지었다는 이야기가 있지.

동몽선습(16쪽) : 조선과 중국의 역사, 도덕을 배우는 어린이 학습서야. 조선 중종 때 박세무가 지었어.

통감(16쪽) : 중국 송나라의 사마광이 황제의 명으로 펴낸 중국의 역사서인 《자치통감》을 말해.

사서삼경(16쪽) : 《논어》, 《맹자》, 《중용》, 《대학》의 네 경전과 《시경》, 《서경》, 《주역》의 세 경서를 말해.

사기(16쪽) : 중국 한나라의 사마천이 쓴 중국의 역사책이야.

해산(17쪽) : 모였던 사람이 흩어지는 일을 말해.

최제우(18쪽) : 동학을 창시한 사람으로 1824년에 경주에서 태어났어. 어려서 유학 경전과 역사서를 배웠어. 하지만 아버지가 돌아가시고 생활이 어려워지자 장사를 하면서 의술과 점술을 배웠지. 당시 나라가 어지러운 걸 하늘의 뜻을 따르지 않기 때문이라고 보고 도를 닦다가 신의 계시를 받아 동학을 열었어. 결국 나라를 어지럽힌다는 죄명으로 처형을 당했지만 그 이후에도 동학의 명맥은 계속 이어졌어.

민족 종교(18쪽) : 동학이나 유대교처럼 어떤 민족이나 인종만이 믿는 종교를 말해.

조정(18쪽) : 임금이 신하들과 나랏일을 의논하고 결정하는 곳이야.

관서(22쪽) : 평안도와 황해도 북부 지역을 가리켜.

신학문(23쪽) : 서양에서 들어온 새 학문을 이르는 말이야.

로스앤젤레스, 리버사이드, 샌프란시스코(25, 27쪽) : 미국 서해안 캘리포니아 주에 있는 도시들이야.

공립신보(27쪽) : 1905년 11월 샌프란시스코 교포 단체인 공립 협회의 기관지로 나오던 신문을 말해.

한국(29쪽) : 대한 제국을 줄여서 이르는 말이야. 대한민국을 가리키기도 해.

주권(34쪽) : 나랏일을 결정할 권리를 말해.

내무 총장(35쪽) : 대한민국 임시 정부의 행정부인 국무원 안에는 내무, 외무, 재무, 법무, 군무, 교통의 6부가 있었어. 각 부에는 총장과 차장이 있었고, 내무 총장은 국무원 안의 내무부의 대표였어.

노동국 총판(35쪽) : 1919년 이후 다시 구성된 임시 정부 국무원 안에 6부와 함께 있는 노동국의 대표야.

청사(36쪽) : 관리들이 모여 나랏일을 치리하는 곳을 말해.

공화주의(36쪽) : 국민이 뽑은 대표자나 대표 기관이 나라를 이끌어 가는 정치를 추구하는 사상이야.

삼권 분립(36쪽) : 나라의 권력을 입법(법을 만듦), 사법(법을 적용함), 행정(법 아래에서 공익을 위해 하는 일) 셋으로 분리하여 권력이 한쪽으로 쏠리지 않도록 하는 제도야.

황보감 할아버지
황학동에서 삼대째 한의원을 하고 있다. '황학동 허준'이란 별명을 가지고 있다. 만물상 할아버지와 초등학교 동창으로 오랜 친구다.

나원준
절대 음감의 소유자로, 한때는 가요 프로그램에서 1위에 오르며 화려한 인기를 누린 가수였다. 지금은 황학동에서 중고 기타 상점을 운영한다.

주차 단속 할머니
다른 사람의 일에 관심이 많으며 말참견을 잘 한다. 남의 일에 자주 간섭을 하고 툴툴거리기는 하지만, 잔정이 많다.

나재주 아저씨
중고 가전제품 가게를 운영하는 발명가 아저씨이다. 멋진 발명 아이디어로 평범한 물건도 새것으로 만드는 일을 즐겨 한다.

김 여사
동양화 중에서도 난을 잘 그리는 멋쟁이 여사로, 언제나 우아하고 교양 넘치는 말투로 화방에서 손님을 맞는다.

이나리 아가씨
세계적인 패션 디자이너가 되는 것이 꿈이다. 늘 최신 유행하는 옷을 입는 멋쟁이다. 중고 옷들을 멋진 새옷으로 고쳐서 팔기도 한다.

미세스 고
황학동 시장에서 커피, 녹차, 유자차, 생강차 등을 수레에 싣고 다니면서 판다. 커피 수레를 밀고 다니면서 온 동네의 소식통 역할을 한다.

박남훈 선생님
동물 보호 운동가이자 동물 병원 원장이다. 대학생 때부터 세계 각국을 두루 여행하면서 동물 보호 운동에 앞장서 왔다.

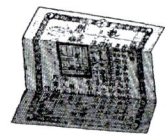

한눈에 보는 인물 연표

항일 독립운동의 두 거인

〈안창호의 생애〉		〈김구의 생애〉
1878년 | 평안남도 강서에서 태어남.	1870년	1876년 | 황해도 해주에서 태어남.
1895년 | 구세학당 보통부에 입학. 기독교를 받아들임. 1897년 | 독립협회 가입. 평양 쾌재정에서 연설. 1899년 | 평안남도 강서군에 점진학교 설립.	1890년	1892년 | 과거 시험에 응시했으나 낙방. 1893년 | 동학을 받아들임. 1894년 | 황해도 해주에서 동학 농민 운동을 이끎.
1902년 | 이혜련과 결혼. 미국으로 감. 1905년 | 〈공립 협회〉를 만듦. 1907년 | 국내로 돌아와 항일 비밀 결사 〈신민회〉 조직. 1908년 | 평양 대성학교를 세움. 1909년 | 안중근 의사의 이토 히로부미 처단 배후 혐의로 체포, 2개월 만에 석방됨.	1900년	1903년 | 기독교를 받아들임. 1904년 | 최준례와 결혼. 1909년 | 황해도 양산학교 교사로 아이들을 가르침.
1911년 | 미국으로 감. 1912년 | 〈대한인 국민회 중앙 총회〉를 만듦. 1913년 | 〈흥사단〉을 만듦. 1919년 | 대한민국 임시 정부 노동국 총판이 됨.	1910년	1910년 | 항일 비밀 결사 조직인 〈신민회〉 에 참가. 1919년 | 대한민국 임시 정부 내무부 경무국장이 됨.
1926년 | 만주 길림성 일대를 답사하며 이상촌 건설 추진.	1920년	1929년 | 백범일지 상권 집필 완료.
1932년 | 윤봉길 의사의 의거로 체포되어 국내로 압송. 4년형을 받고 서대문형무소와 대전형무소에서 복역. 1938년 | 경성 제국 대학 병원에서 세상을 떠남.	1930년	1931년 | 항일 독립운동 단체인 한인애국단을 조직하여 항일 무력 활동을 시작. 1932년 | 윤봉길, 이봉창 의거 지휘.
	1940년	1940년 | 대한민국 임시 정부 주석이 됨. 1943년 | 백범일지 하권 집필 완료. 1948년 | 남한 단일 선거를 반대하다가 북한으로 들어가 북한 단독 정부 수립 반대를 위해 회담을 열었으나 실패함. 1949년 | 경교장에서 육군 포병 소위 안두희에게 암살당함.
1962년 | 건국 훈장 대한민국장을 받음.	1960년	1962년 | 건국 훈장 대한민국장을 받음.

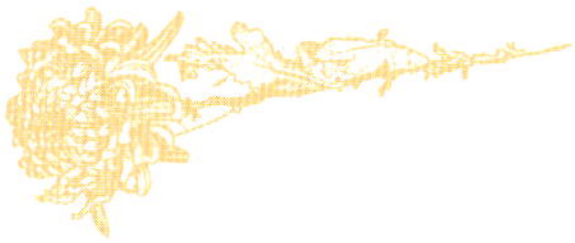